동시와 동화로 만나는
한국의 위인

교과 연계

사회 4학년 1학기 1. 지역의 위치와 특성
사회 5학년 2학기 1. 옛 사람들의 삶과 문화
　　　　　　　　2. 사회의 새로운 변화와 오늘날의 우리

이야기 꽃

동시와 동화로 만나는
한국의 위인
김이삭 글 | 신외근 그림

초판1쇄	2025년 5월 5일
펴낸이	조인숙
펴낸곳	도서출판 하늘우물
출판등록	제402-2020-000012호
주소	15882 경기도 군포시 송부로 222, 511동 1103호
전화	070-7818-7794
모바일 팩스	0508-912-1520
이메일	booklove34@naver.com
블로그	naver.com/booklove555
인스타그램	skywell 815

ISBN 979-11-93604-06-9 73810
ⓒ 2025 글 김이삭, 그림 신외근

* 책값은 뒤표지에 표시되어 있습니다. 잘못된 책은 구매하신 곳에서 바꾸어 드립니다.
* 이 책은 저작권법에 따라 보호를 받는 저작물이므로 무단 복제하여 사용할 수 없습니다.

이야기 꽃

동시와 동화로 만나는

한국의 위인

김이삭 글 | 신외근 그림

하늘우물

작가의 말

위대한 꿈을 꾸었던 위인들처럼

위인들의 이야기에 무언가 다른 점이 있어요. 그 이유는 무엇일까요?

그분들의 삶이 우리에게 깊은 감동을 주기 때문이지요.

위인들은 어려움 속에서도 희망을 꿈꾸며 나아갔어요. 자신이 좋아하고 꿈꾸었던 일을 멈추지 않고 끊임없이 노력해서 훌륭한 결실을 보았어요.

자신의 꿈을 이룬 것만이 아니라 이웃을 사랑하고 사회를 널리 이롭게 했지요. 그분들의 삶이 지금 우리가 살아가는 시간에 찾아와 보석처럼 찬란하게 빛나는 까닭이랍니다.

백성을 사랑한 세종대왕, 한국적인 정서를 화폭에 담은 이중섭, 조선 최고의 발명왕 장영실, 다재다능한 학자 정약용, 튼튼한 거북선 만든 이순신 장군 등등 우리나라에는 많은 위인이 있어요.

이 책에는 22인의 위인들에 대한 특징을 살린 짧은 동시와 이야기가 담겨 있어요. 또한 위인에 대한 소개와 낱말 공부를 통해 상식을 넓힐 수도 있어요.

위대한 꿈을 꾸었던 위인들처럼 어린이 친구들도 아름답고 빛나는 꿈을 향해 나아가기를 소망합니다.

새로운 보금자리에서 까치 소리 들으며

김이삭

차례

작가의 말 … 5

신라 시대 위인
삼국 통일의 꿈을 이룬 **김유신** … 10

통일신라 시대 위인
안전한 뱃길을 만든 **장보고** … 16

고려시대 위인
귀주대첩으로 거란을 물리친 **강감찬** … 22
굳건한 고려사랑 **정몽주** … 28

조선시대 위인
백성들을 위해 한글을 만든 **세종대왕** … 34
조선 최고의 발명왕 **장영실** … 40
튼튼한 거북선을 만든 **이순신 장군** … 46
어머니를 위해 한글 소설을 쓴 **김만중** … 52
살아있는 풍속도를 그린 **김홍도** … 58
다재다능한 학자 **정약용** … 64
대동여지도를 만든 **김정호** … 70

조선 말기와 대한 제국, 일제 강점기 위인
의학의 아버지 **지석영** ··· 76

대한 제국 말기와 일제 강점기 위인
별이 된 **안중근** ··· 82
자나 깨나 나라 사랑 **안창호** ··· 88

일제 강점기 위인
물통 폭탄을 던진 **윤봉길** ··· 94
영원한 누나 **유관순** ··· 100
민족시인 **윤동주** ··· 106

대한 제국 말기, 일제 강점기, 대한민국 초기 위인
완전한 자주독립을 외친 **김구** ··· 112

20세기 중반과 후반 위인
따뜻한 화가 **박수근** ··· 118
한국의 슈바이처 **장기려** ··· 124
한국의 소를 그린 **이중섭** ··· 130
새로운 예술혼을 불태운 **백남준** ··· 136

책에 나오는 위인의 맞수 인물을 소개합니다. ··· 142

신라 시대 위인

삼국 통일의 꿈을 이룬
김유신

으르렁으르렁
투덕투덕 툭 탁탁
싸워대는
고구려, 백제, 신라

어떻게 하면
사이가 좋아질까?

아하, 그렇지!
삼국 통일

같은 나라 되면
한마음 되겠지.

호호호 하하하
함께 웃으며
잘 살아가겠지.

환한 별 두 개가 여인의 품속으로 떨어졌어요. 여인은 화들짝 놀라 꿈에서 깨었지요. 곧 아이를 낳았는데 바로 김유신이었어요. 김유신은 어릴 때부터 남다른 데가 있었어요.

"내가 대장이다. 알았지?"

전쟁놀이할 때는 대장 역할을 도맡아 했지요. 아직 어린데도 대장답게 묵직하고 진지했어요. 이렇게 용감하게 자란 김유신은 신라가 자랑하는 화랑이 되었어요.

화랑이 된 김유신은 검술, 말타기, 활쏘기 등 실전에 뛰어난 훈련을 받았어요. 신라 화랑도는 단순한 군사 훈련을 넘어, 신라 사회의 청소년들이 성장하고 발전하는 과정에서 중요한 역할을 했어요. 그들은 국가를 위해 훈련받으며, 동시에 개인적인 가치와 인성을 쌓았어요.

김유신에게는 큰 꿈이 있었어요. 바로 고구려, 백제, 신라 삼국을 통일하는 것이었어요. 이웃에 있는 나라끼리 서로 으르렁거리며 싸우지 않고 하나가 되기를 꿈꿨지요.

김유신은 마음을 수양하기 위해 신령스러운 동굴에 들어가 오랫동안 기도를 올리기도 했대요. 또 시간 날 때마다 **병서***를 읽고 무예도 익혔어요.

　그러다가 김춘추를 만나 통일의 꿈을 같이 나누었어요. 김춘추보다 여덟 살 많던 김유신은 김춘추의 능력이 뛰어남을 알고 자기 여동생을 맺어 주려 했어요. 김춘추는 결국 김유신의 여동생 문희와 결혼하였어요.

　훗날 진덕여왕이 죽고 진골 출신 김춘추가 최초의 왕이 될 수 있었어요. 군사권을 쥐고 있던 김유신의 응원이 있었기 때문이지요. 두 사람은 서로 힘을 합쳐 백제를 멸망시키며 삼국 통일의 초석*을 다졌어요.

　백제군은 자주 신라를 침략했어요. 신라는 한시도 조용할 날이 없었지요. 신라의 대장군이 된 김유신은 백제에 맞서 용감하게 싸웠어요.

　그 무렵 백제는 의자왕이 왕 위에 올랐어요. 의자왕은 나라보다는 자신의 안위를 먼저 생각한 왕이었어요.

　그 틈을 노려 김춘추가 당나라에 도움을 청하였고, 김유신과 함께 백제를 멸망시키지요. 다음은 고구려를 차례로 멸망시키고, 드디어 김유신은 삼국 통일이라는 꿈을 이루게 되었어요.

　그런데 김유신을 도왔던 당나라군이 돌아가지 않고 신라 땅을 욕

심내었어요. 이번에는 옛 고구려 군사들과 힘을 합쳐 당나라군을 몰아냈지요.

그러나 김유신은 당나라 군대가 물러가는 것을 끝까지 보지 못하고 세상을 떠나고 말았답니다.

김유신: 595년 출생~673년 사망

충북 진천에서 태어난 **신라 시대**의 인물로 609년 화랑이 되었다. 태종 무열왕(김춘추) 및 문무왕과 함께 백제와 고구려를 정복하고, 나당 연합군을 이끌며 삼국 통일의 주역이 되었다. 그의 업적은 신라가 한반도를 통일하는데 큰 활약을 한 점에서 역사적으로 매우 중요하다.

알쏭달쏭 낱말 공부

* **병서**: 군사를 다루는 법인 병법을 설명한 책을 일컫는다.
* **초석**: 어떤 사물의 기초를 비유적으로 이르는 말

통일신라 시대 위인

안전한 뱃길을 만든
장보고

바다가
춤을 춰요.

고맙습니다.
출렁출렁 출렁출렁

나쁜 해적들!
신라 바닷길 내놓아라!
우렁찬 호령
용감한 전투

장보고 님, 고맙습니다.

배들도
안전한 바닷길 열리니
둥실둥실 기뻐하네요.

"바다 저 끝에는 무엇이 있을까?"

바다 아이 궁복은 남쪽 바다 완도에서 평민 아이로 태어났어요.

바다 아이로 자라서 수영도 잘하지만, 특히 활을 잘 쏘아 '궁복'이라 불렸지요. 궁복은 무관이 되고 싶었지만, 그 시절 평민은 무관이 될 수 없었어요. 바로 신라 시대 **골품제도*** 때문이었지요.

삼국을 통일한 신라는 신분제도에 특히 엄격했어요. 그래서 궁복은 당나라로 가서 출세하기로 마음먹어요.

당나라에 가서 열심히 배우고 익혀서 노력한 덕분에 무관 시험에 합격하고 당나라 무령군 소장이 되었지요. 또한 그곳에서 장보고라는 이름도 얻게 되었어요.

당나라에는 신라인들이 사는 신라방이 있었는데 신라인이 당나라 관직을 얻었으니 다들 자랑스러워했어요.

무령군 소장으로 큰 공을 세우고 편하게 살면 되었지만, 당나라 해적들이 신라인들을 납치해 노예로 팔고, 노략질을 일삼는다는 소식을 듣게 되었어요.

"장군님! 제 남편이 해적들에게 끌려갔습니다. 도와주세요."

힘없는 신라 백성들 앞에서 물러설 수 없었던 장보고는 신라방 자위대 대장이 되어 청년들을 훈련하고 해적들을 소탕*했지요.

안전한 바닷길을 열게 된 장보고는 국제 해상무역에 도전하게 되었어요. 각 나라에 필요한 물건을 구해다 바닷길을 이용해 무역했지요.

그러나 신라 사정은 달랐어요. 여전히 해적들이 신라의 바다를 괴롭혔지요. 소식을 들은 장보고는 다시 신라 고향으로 돌아오게 되었어요. 임금님을 찾아가 사정을 말하고 군사를 얻어 청해진 대사가 되어 해적들을 소탕하게 되지요.

장보고 덕분에 신라의 바닷길도 안전해졌어요. 이어서 장보고는 신라인들에게 무역을 가르치며 조국을 위해 온 힘을 쏟았답니다.

장보고: 출생 연도는 확실치 않으나 846년(문성왕 8년)에 사망

통일신라 시대 천민 출신으로 어릴 때 이름은 '궁복'이었다. 중국 당나라에 건너가 무역과 군사 경험을 쌓았고, 신라로 돌아와 청해진(현재의 전라남도 완도)을 거점으로 해적을 소탕하고, 신라-당-일본을 연결하는 해상교역을 활성화했다. 정치적 갈등 속에서 그의 세력에 불안을 느낀 중앙 귀족들이 보낸 자객에게 살해당했다.

알쏭달쏭 낱말 공부

* **골품제도:** 신라 시대의 신분제도를 말한다. 이 제도는 골품, 즉 개인 혈통의 높고 낮음에 따라 정치적인 출세는 물론, 혼인, 가옥의 규모, 의복의 빛깔, 우마차의 장식에 이르기까지 사회생활 전반에 걸쳐 여러 가지 특권과 제약이 있었다.
* **소탕:** 휩쓸어 죄다 없애 버림

고려시대 위인

귀주대첩으로 거란을 물리친
강감찬

산골짜기 숨은
강감찬 장군

뚝딱뚝딱 만든
쇠가죽 밧줄
영차영차 당기니

쏴~~ 우르름
쏟아지는 강물

으악!
휩쓸려가는 거란군
거란군 비명 소리도
강물에 잠겼대.

은천이 열일곱 되던 해에 아버지가 돌아가셨어요. 개경에 사는 김장길이 은천을 양아들로 삼아 이름을 강감찬으로 바꾸어 주었어요. 김장길은 강감찬을 친 아들처럼 보살폈어요.

"세상을 더 많이 알고 싶어요."

어느 날 강감찬이 말했어요.

"사내대장부라면 세상을 두루 살피는 것이 옳지. 네 뜻대로 하여라."

김장길이 흔쾌히 허락해 주었어요. 그래서 강감찬은 한 번도 해보지 않은 농사일을 거들기도 하고, 거친 바다로 나가 고깃배를 타기도 했지요.

그 후 열심히 공부해서 과거시험을 쳤는데 모든 과목에서 장원했지요. 양주 목사와 경주 목사로 부임해 고을을 잘 다스려 이름이 조금씩 알려지게 되었어요.

그런데 중국의 혼란스러운 시대를 틈타 힘을 키운 거란이 고려로 쳐들어왔어요. 거의 30년 동안이나 고려를 괴롭혀서 고려가 입은 피해는 엄청났지요.

거란 소배압이 이끄는 10만 대군이 또다시 고려로 쳐들어왔어요.

이번에는 강감찬이 **선봉장***이 되었지요.

강감찬은 산골짜기에 숨어 매복해 있다가 적군의 허를 찌르는 전략을 펼쳤어요. 또 쇠가죽으로 밧줄을 만들어 강의 상류를 막아 얕은 물처럼 보이게 해서 적들이 강으로 들어오는 것을 보고 있다가 줄을 잘랐지요.

갑자기 쏟아진 물에 **우왕좌왕***하던 거란군이 허겁지겁 도망쳤는데 귀주에 도착하자 강감찬의 군사들이 기다리고 있다가 전멸시켰어요. 귀주 일대는 네 개의 면이 산으로 둘러싸인 분지 형태로 되어 있어요. 귀주를 통과하는 도로는 좁고 험한 계곡 사이에 있어 적을 막기 좋은 길목이었지요.

강감찬이 거느린 고려군은 귀주의 동쪽 교외에서 거란 병과 대치하는 상황을 맞게 되었어요. 서로 팽팽하던 상황은 김종현이 거느린 고려의 원병이 도착하면서 고려 쪽으로 승기가 기울기 시작했어요.

때마침 비바람이 남쪽으로부터 불어와 깃발이 나부끼며 북쪽을 가리킨 것이 고려군의 사기를 높였어요. 사기가 오른 고려군의 공격에 거란 병들은 북쪽으로 퇴각할 수밖에 없었어요.

고려군은 거란 병에 대한 총공세를 취하였는데, 석천을 건너 반령

까지 전투가 이어지면서 거란 병의 시체는 들에 널려있을 정도였어요. 고려가 생포한 거란인 포로와 얻은 말과 갑옷, 투구 등은 셀 수 없을 정도로 많았어요.

이 전쟁에서 살아 돌아간 거란 병의 수는 겨우 수천 명에 불과했는데, 이 전쟁이 바로 유명한 귀주대첩이지요.

그 후 거란군은 강감찬 장군의 이름만 들어도 벌벌 떨었다고 해요. 더 이상 고려를 넘보는 일도 없었답니다.

강감찬: 948년 출생~1031년 사망

고려시대 장군이며 고려 현종 때 거란(요나라)의 침입을 막아낸 업적으로 유명하다. 가장 큰 업적은 1019년의 귀주대첩으로 고려군을 이끌고 거란의 10만 대군을 크게 격파해 승리했다. 그는 군사적 재능뿐만 아니라 문신으로서도 뛰어난 능력을 발휘했으며 고려의 안정과 번영에 크게 이바지한 인물로 평가받고 있다.

알쏭달쏭 낱말 공부

* **선봉장**: 군대나 무리의 맨 앞에서 지휘하며 이끄는 장수를 의미한다.
* **우왕좌왕**: 이리저리 왔다 갔다 하며 일이나 나아가는 방향을 종잡지 못함

굳건한 고려사랑
정몽주

이리저리
얽혀 사는 칡덩굴처럼
새로운 조선과
함께하자는 이방원

죽고 죽어
일백 번 고쳐 죽어도
고려를 버릴 수 없다는 정몽주

변치 않은 일편단심
그 사람이 목숨을 앗아갔어도
정몽주의 고려 사랑은
길이 살아남았어요.

경북 영천에서 태어난 정몽주는 효심이 지극해서 아버지가 일찍 돌아가시자 3년 동안 시묘살이를 했어요.

시묘살이는 부모님이 돌아가셨을 때 3년 동안 묘소 근처에 움집을 짓고 산소를 돌보고, 공양을 드리는 일이에요. 후에 어머니가 돌아가셨을 때도 마찬가지였지요.

이를 알게 된 공민왕이 정몽주가 사는 곳을 '효자리'라 명하고 비석까지 세워 주었어요.

그 시절 고려는 **홍건적***과 여진족의 침략으로 매우 혼란스러웠지요. 여진족이 쳐들어왔을 때는 이성계와 함께 묘책을 세우고 힘을 합쳐 물리쳤지요.

이성계는 무관 중에서도 재능이 뛰어났어요.

나라가 어수선하고 조정이 어지러울 때를 틈타 전쟁에 나간 이성계는 위화도에서 회군하여 새 왕조를 세울 꿈을 꾸었답니다.

지금의 고려 조정으로는 나라를 제대로 다스릴 수 없다고 생각했지요. 이성계는 정몽주에게 함께 하자고 했지만, 정몽주는 이성계의 뜻을 따르지 않았어요. 정몽주는 어려서부터 학문을 좋아하고 충효를 목숨보다 귀중하게 여겼어요. 그래서 한번 섬긴 임금은 끝까지 섬겨야 한다고 생각했지요.

　이성계가 평소에 정몽주를 중히 여겨 전쟁에 나갈 때마다 반드시 함께 갔고, 여러 번 **천거*** 발탁하여 같이 재상까지 올랐어요. 정몽주는 어떤 일을 하더라도 차분하게 처리하였지요.

　이성계의 아들 이방원은 정몽주의 고려에 대한 충성심을 시험하기 위해 **하여가***라는 시조를 보냈어요. 이에 정몽주는 **단심가***를 지어 응답하며 고려에 대한 변함없는 충절을 밝혔어요.

　뜻을 굽히지 않았던 정몽주는 결국 이방원의 측근 조영규에 의해 **선죽교***에서 암살을 당하였어요. 이성계는 그를 아끼고 좋아했는데 생각이 달라서 많이 안타까워했다고 해요. 정몽주는 비록 고려 왕조를 지키지 못했지만, 그의 충절과 학문적 업적은 조선시대에도 높이 평가되었어요.

정몽주: 1337년 출생~1392년 사망

고려시대의 충신이자 학자, 정치가로서 호는 '포은'이며 시문에 능하였다. 24세 때 과거에 연달아 세 번 장원 급제하였다. 성리학을 깊이 연구하고 이를 바탕으로 나라의 기틀을 바로잡으려 했으며 고려의 충절을 지키기 위해 노력하였다. 그러나 조선을 건국하려던 이방원(태종)의 부하 조영규 등에 의해 개성 선죽교에서 살해되었다. 그의 충신으로서의 모습은 단심가로도 잘 알려져 있다.

♠ 하여가

이런들 어떠하리 저런들 어떠하리
만수산 드렁칡이 얽혀진들 어떠하리
우리도 이같이 얽혀서 백 년까지 누리리라

♠ 단심가

이 몸이 죽고 죽어 일백 번 고쳐 죽어
백골이 진토 되어 넋이라도 있고 없고
님 향한 일편단심이야 가실 줄이 있으랴

알쏭달쏭 낱말 공부

* **홍건적**: 중국 원나라 말기에 활동했던 농민 반란군을 가리키는 말이다. 홍건은 머리에 붉은 두건을 둘렀다고 해서 붙은 이름이다. '적'은 원나라 정부 입장에서 반란을 일으킨 무리라는 의미에서 '도적'이라는 표현이 사용되었다.
* **천거**: 어떤 사람을 능력이나 자격이 있다고 추천하여 소개하는 것을 뜻한다.
* **선죽교**: 경기도 개성에 있는 돌다리. 고려 말기의 충신 정몽주가 이방원이 보낸 조영규 등에게 철퇴를 맞고 죽은 곳으로 유명하다.

조선시대 위인

백성들을 위해 한글을 만든
세종대왕

나는 한글이야.
백성을 사랑한 임금님이
세상으로 내놓았지.

하하하, 너무 쉬워
호호호, 기억이 잘 돼
히히히, 공부가 절로 돼

나를 만난 사람들은
척척 읽게 되고
착착 쓰게 되고

눈이 번쩍
마음도 환해졌지.

"아니, 누가 밤새 연구하고 있구나!"

　　세종 임금님은 **집현전***을 지나가다 말했어요.

　　깊은 밤, 집현전 창문에 하얗게 불을 밝히고 공부를 하는 신하가 있었어요.

　'흐흐, 저런 젊은이가 있다면 우리 조선의 장래가 밝을 것이야.'

　세종 임금님은 그 모습이 흐뭇해서, 한참 동안 서서 지켜보았어요.

　'나도 정진해야겠구나!'

　세종 임금님은 자신도 책상 앞에 앉아 책을 펼치고 밤을 보내기로 했지요. 중국 한자가 너무 어려워 백성들에게 쉬운 글자를 만들어주려고 고심하고 고심하여 한글을 완성하였어요.

　세종 임금님은 한글을 만들 때 이 사실을 비밀에 부쳤어요. 그 이유는 대부분의 신하가 중국을 큰집으로 생각하는, 중국 것이라면 죽고 못 사는 사람들이었기 때문이지요.

　세종 임금님은 그들의 반대가 완강하면 새 글자를 만들지 못할까 봐 염려했어요. 아니나 다를까 한자와는 다른 한글이 만들어졌다는 이야기를 전해 듣고 많은 관리가 반대하고 나섰어요. 특히 집현전의 부제학으로 있던 세종 임금님이 제일 좋아하는 학자 최만리가 반대의 선봉에서 상소*를 올렸어요.

 "전하! 언문이 옛글자를 본받았다고 하오니, 다 옛 중국 것에 어긋나옵니다."

 "모두 중국을 섬기며 한결같이 중국의 제도와 문물을 따랐는데 이제 한글을 창제하여 한자를 버리시려 하나이까."

 신하들은 빗발치듯 상소를 올려 세종 임금님을 화나게 했어요. 결국 세종 임금님은 한글 창제를 반대하는 신하들을 의금부* 옥에 가두어 버렸어요. 그렇게 신하들을 위하던 세종 임금님이었지만 백성을 위한 글인 한글 창제에 대한 사랑이 남달랐기 때문이지요.

 얼마 안 가 세종 임금님은 반대하는 신하들을 옥에서 모두 꺼내 주었어요. 그들이 반대한 것은, 나라의 앞날을 걱정한 충성심 때문이지 개인 욕심을 채우려 함이 아니라는 걸 알았으니까요. 하지만 한글 반대 상소에 앞장섰던 최만리는 벼슬을 버리고 고향 땅으로 내려가 버렸어요.

 세종 임금님은 그의 능력이 너무 아쉬워 한동안 집현전 부제학 자리를 비워 둔 채 다시 그가 돌아오기를 기다렸어요. 그러나 그는 끝내 벼슬길에 오르지 않고 고향에서 은둔 생활을 하다가 이듬해에 죽고 말았어요.

'아까운 인재가 갔구나!'

세종 임금님은 최만리의 죽음을 많이 슬퍼하였지만, 한글을 백성들에게 줄 수 있어 마음을 달래었답니다.

세종대왕: 1397년에 출생~1450년 별세

이름은 '도' 충녕대군. 22세에 왕위에 올랐으며 조선의 제4대 왕으로 1443년 세종 25년에 한글(훈민정음)을 만들어 백성들이 쉽게 글을 배우고 소통할 수 있도록 했다. 또한 장영실을 기용하여 과학 기구를 발명하였고, 경제, 농업, 예술, 외교 등 다양한 분야에서 발전을 이끌었다.

조선 건국 이래 최대의 부강한 나라를 만들었고, 한국 역사에서 가장 훌륭한 인물로 뽑히는 임금이다. 세종대왕은 애민 정신과 뛰어난 통치 능력으로 지금도 많은 사랑과 존경을 받고 있다.

알쏭달쏭 낱말 공부

* **집현전**: 조선 전기 학문 연구를 위해 궁중에 설치한 기관
* **상소**: 임금에게 글을 올리던 일
* **의금부**: 조선시대에 임금의 명령을 받들어 중죄인을 신문하는 일을 맡아 하던 관아

조선 최고의 발명왕
장영실

뭐든지 뚝딱뚝딱
얼굴에 땀이 송골송골

"솜씨가 좋은데?"
"정말 손재주가 좋아!"

영실을 칭찬하는 말이
퍼지고 퍼져
세종대왕 귀에도 들어갔대.

궁궐에 간 영실은
해시계, 물시계, 혼천의
수많은 과학 발명품
척척 만들어 냈대.

"솜씨가 좋은데!"

망가진 병장기를 안고 대장간 안으로 들어오던 아저씨가 영실의 머리칼을 쓸어주었어요.

"고맙습니다. 아저씨."

휘어진 병장기를 불에 달구고 망치로 내려치던 영실의 얼굴에 땀이 송골송골 맺혔어요.

"솜씨가 좋으면 뭐하누 태생이 천한데."

옆에서 영실을 지켜보던 노비의 아들인 돌쇠가 흥 콧방귀를 뀌었어요.

아버지는 원나라 사람이고, 어머니는 기생이라 영실은 태어날 때부터 노비였어요. 그 시대는 신분제도가 엄격해서 재주가 있어도 인정받지 못했지요.

그러나 어릴 때부터 농기구나 **병장기*** 같은 금속을 잘 다루어서 많은 사람의 눈에 띄었어요.

그러던 어느 날, 현감이 영실을 조용히 불렀어요.

"한양으로 가서 네 재주를 써 보는 것이 어떻겠냐?"

"한양이요?"

"그래 그곳에 일손이 부족하다는구나. 너라면 잘 해낼 수 있을 거야."

영실이 천한 노비 출신이긴 하나 뛰어난 재주를 아깝게 여긴 현감이 한양으로 갈 길을 열어준 것이지요.

영실은 어릴 때부터 물건을 잘 만들고 고치면서 사람들을 많이 도와주어 칭찬이 자자했지요. 이런 소문을 들은 세종대왕에게 발탁되어 수많은 과학 발명품을 만들며 세종 임금의 총애를 받았어요.

영실은 해의 움직임을 통해 시간을 알 수 있는 해시계와 물의 양을 재면서 시간을 알 수 있는 물시계를 만들었고, 우주의 모습을 관찰하는 혼천의도 만들어 냈어요.

또한 글자를 인쇄할 수 있는 금속 활자인 갑인자와 물의 높이를 잴 수 있는 돌다리 수표교를 청계천에 만들어 조선시대에 과학을 발전시키는 큰 역할을 했답니다.

"자네의 공이 참으로 커서 벼슬을 내리고 싶은데 반대가 심하니 원."

세종대왕이 안타까운 눈으로 영실을 보았어요. 영실이 아무리 공이 크다 한들 천한 신분 때문에 다른 신하들이 좋게 보지 않았지요.

그러나 우여곡절 끝에 상의원 별좌라는 벼슬을 얻게 되었어요. 영실이 땀 흘리며 노력하는 모습에 세종대왕이 신하들의 반대에도 불구하고 벼슬을 내린 것이지요. 믿음에 보답이라도 하듯 장영실은 세종대왕을 도와 더 많은 업적을 이루어냈답니다.

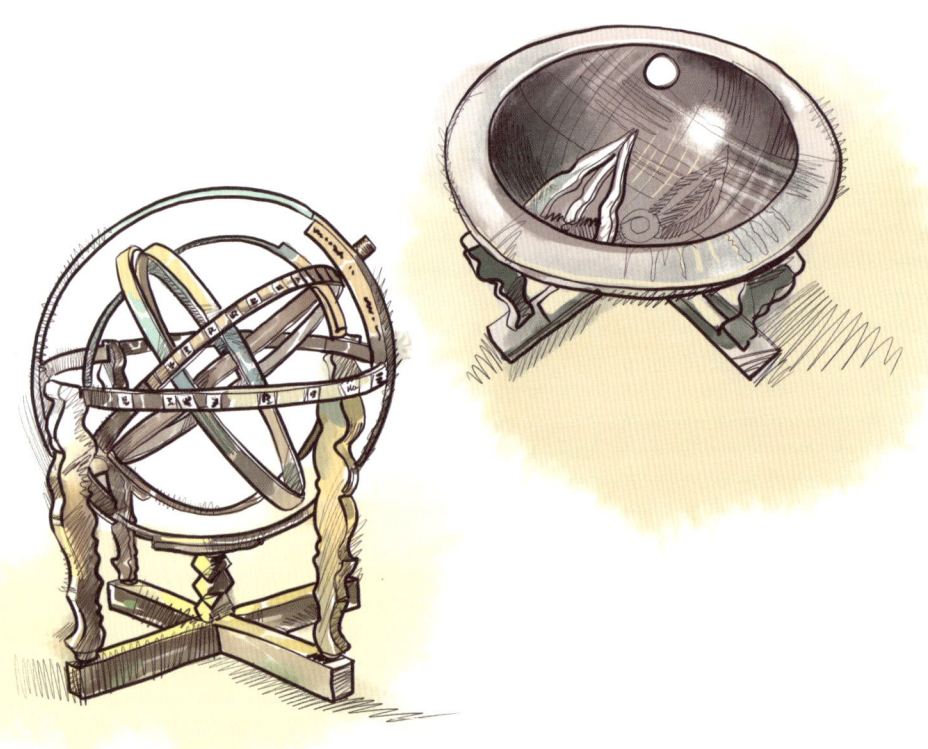

장영실: 부산 동래에서 태어난 것으로 추측함

조선시대 초기에 활동했던 과학자이자 발명가로 1423년(세종 5년) 노비 신분에서 상의원 별좌에 임명되어 세종대왕의 뜻을 받들어 과학 발전에 많은 업적을 남겼다. 대표적인 업적으로 자격루(물시계), 혼천의(천문관측기구), 앙부일구(해시계) 등이 있다.

장영실은 어가*가 부러지는 사고로 곤장 80대를 맞고 궁에서 쫓겨났는데, 그 후의 소식은 알려지지 않았다.

알쏭달쏭 낱말 공부

* **병장기**: 전쟁이나 무력 충돌에서 사용하는 무기와 방어구를 통틀어 이르는 말이다.
* **어가**: 임금이 타던 수레

튼튼한 거북선을 만든
이순신 장군

시간이 걸려도
쇠못 대신 나무못 박았더니

바닷물에 팽창되어
이음새가 단단해진 거북선

쿵쾅! 쾅! 쾅!
거북선에 부딪힌
일본 배는 와장창창

우리 거북선이
큰 승리를 거두었지.

달리던 말이 "휘잉~" 뭔가에 놀라서 펄쩍 뛰었어요. 그러자 무관 시험을 치르던 청년이 말에서 떨어져 다리가 부러졌지요. 구경하던 사람들이 끌끌 혀를 차며 수군거렸어요.

"저 청년은 낙방이군. 저 다리로 뭘 하겠어."

그러나 청년은 힘겹게 일어나 버드나무 가지를 꺾어 다친 다리를 칭칭 동여맸어요. 그리고 다시 말에 올라 시험을 쳤어요.

비록 시험에서 떨어지긴 했지만 주어진 일은 어떤 어려움 속에서도 꿋꿋하게 해냈던 분이 바로 이순신 장군이랍니다.

하지만 평화로운 시절도 잠시 **임진왜란***이 일어나고 말았어요. 다들 이 땅에 전쟁은 일어나지 않을 것이라고 말했지만, 이순신은 혹시 모를 전쟁에 대비하였어요. 세상에서 가장 튼튼한 배를 만들었는데 바로 거북선이에요.

"시간이 걸리더라도 쇠못 대신 나무못을 깎아라."

거북선에는 쇠못 대신 나무못이 쓰였어요. 쇠못은 바닷물에 빨리 부식되지만, 나무못은 바닷물에 팽창되어 배의 이음새를 더 단단하게 고정해 주었지요.

거북선은 판옥선을 기본으로 하여 판옥선의 갑판 위 외형 전체에

뚜껑을 씌운 뒤 나무판으로 덮었어요. 이 나무판에는 적병이 못 뛰어오르도록 무수한 송곳과 칼을 꽂았어요. 앞머리에는 용머리 모양의 충각 겸 포문을 만들어 그곳에서 전면부로 화포를 쏘게 했어요. 배 뒷부분에는 거북이 꼬리를 세우고 역시 화포를 쏠 수 있게 했어요. 또한 선체 측면 전후좌우 각각 6개씩 화포를 발사할 수 있게 했어요.

드디어 단단하고 멋진 거북선이 완성되었어요.

"배 한 척도 그대로 보내지 말라. 어서 출발하라!"

이순신이 우렁차게 명령하자 출발을 알리는 당당한 북소리가 울려 퍼졌어요.

"와! 나가자! 싸우자!"

조선 군사들이 탄 배가 왜군의 배를 향해 나아갔어요. 가장 앞에서 이순신이 탄 거북선이 바닷길을 뚫으면 다른 배들이 뒤를 쫓았어요.

"아니, 저게 뭐야?"

거북의 등딱지처럼 단단한 등을 가진 거북선의 갑작스러운 공격을 받은 왜군은 당황해서 어쩔 줄 몰라 했어요.

"불화살을 쏘아라!"

곳곳에서 왜군의 배가 가라앉고 바닷물 위에 부서진 배의 조각들이 둥둥 떠다녔어요. 물에 빠진 왜군들은 허우적거렸지만, 전투는 끝없이 계속되었어요.

이순신은 바다 이곳저곳에서 **승전보***를 전했어요. 하지만 영웅을 시기하고 질투하는 사람들이 있어 고초를 겪기도 했지요. 그 어려움을 글로 남겼는데 바로 **난중일기***예요. 전쟁에 관한 이야기부터 힘든 마음을 기록해 두었지요.

"무릇 살고자 도망치는 자는 죽을 것이요. 죽기를 각오하고 싸우는 자는 반드시 살 것이다."

이순신도 의인이기 전에 하나의 사람이었어요. 하지만 나라를 먼저 생각하는 마음은 도망치기보다 맞서 싸우는 쪽을 선택했지요.

그의 굳은 의지 때문에 많은 전공을 세웠고, 지금은 전 세계적으로 유명한 우리나라의 진정한 영웅이 되었답니다.

이순신: 1545년 출생~1598년 노량해전에서 전사

조선시대의 명장으로 임진왜란(1592년~1598년) 당시 왜군의 침략을 막아내며 조선을 구한 영웅이다. 뛰어난 전략가로서 한산도대첩, 명량해전, 노량해전 등에서 압도적인 승리를 거두었으며 특히 거북선을 활용한 해상 전술로 잘 알려져 있다.

그는 글에도 능하여 《난중일기》와 많은 시조를 남겼다. 〈충무공〉은 인조 21년 순국 후 내린 시호다. 이순신은 우리나라 많은 국민의 추앙받는 인물 중의 한 사람이다.

알쏭달쏭 낱말 공부

* **임진왜란**: 조선 선조 25년(1592)에 일본이 침입한 전쟁. 선조 31년(1598)까지 7년 동안 두 차례에 걸쳐 침입하였으며, 1597년에 재침략한 것을 정유재란으로 달리 부르기도 한다.
* **승전보**: 싸움에 이긴 경과를 적은 기록
* **난중일기**: 이순신 장군이 임진왜란 동안 쓴 군중 일기다. 전투 상황, 군사 전략, 일상의 기록, 감정 등이 담겨 있다. 2013년 유네스코 세계기록유산으로 등재되었다.

어머니를 위해 한글 소설을 쓴
김만중

머나먼 남해
유배지에서도

그립고 그리운
어머니를 위해

쏴아쏴아
파도 소리 들으며
쓰고 또 썼지요.

어머니가
쉽게 읽을 수 있는
재미있는 한글 소설
효심으로 썼지요.

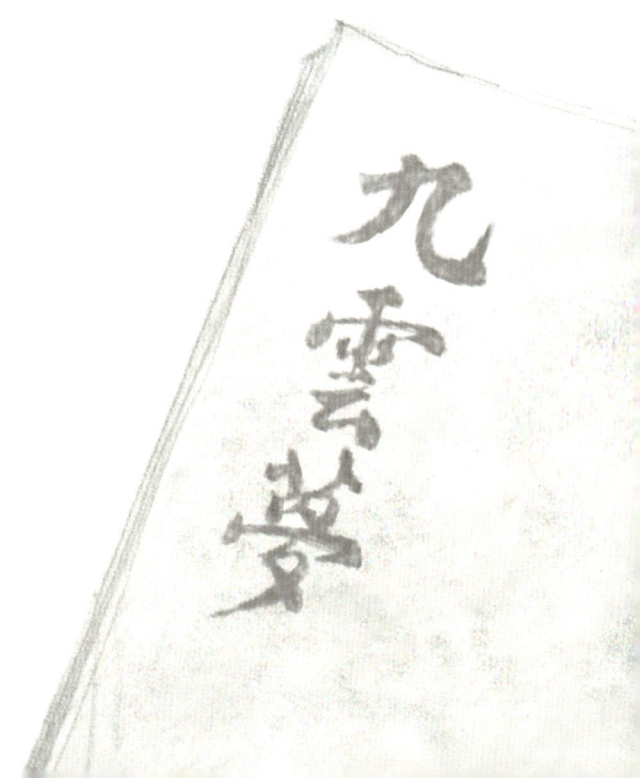

"며칠 전에 준 책을 아직도 읽고 있느냐?"

바느질감을 내려놓고 어머니가 엄한 얼굴로 물었어요.

"매일 밤 졸려서 다 읽지를 못했습니다."

김만중은 고개를 떨어뜨리고 어머니 눈치를 보았지요.

매일 남의 일을 하느라 고단한 어머니의 얼굴을 보면 차마 책을 빨리 읽을 수가 없었어요. 책을 다 읽으면 어머니는 또 새 책을 사느라 일을 해야 했기 때문이지요.

우연히 김만중의 마음을 알게 된 어머니가 회초리를 들었어요.

"누가 그런 걱정을 하라고 하더냐? 열심히 글을 읽어 큰 사람이 될 생각을 해야지."

병자호란* 당시 아버지가 전란으로 세상을 떠났어요. 그때 김만중은 어머니의 뱃속에 있었지요.

유복자로 태어난 김만중은 어머니의 보살핌으로 무럭무럭 자랐지요.

어머니는 궁핍한 살림에도 자식들을 위해 책을 사는 데 돈을 아끼지 않았어요. 살 수 없는 책은 직접 손으로 베껴서 주기도 했지요.

어머니의 도움으로 열심히 책을 읽고 공부한 덕에 김만중은 14세

때 진사 초시에 합격하고 29세에 정시에서 장원으로 이름을 올렸어요. 김만중은 높은 벼슬에 올라 암행어사로 고통받는 백성들을 살피기도 하고 대사헌, 대제학을 지내기도 했지요.

그러나 김만중은 숙종 앞에서 과감하게 직언을 하다가 숙종의 진노를 얻어 파직되어 바로 평안도 선천에 유배되었어요.

1688년 다시 돌아왔지만, 당파싸움에 휘말려 또 남해로 유배를 가야 했지요. 효심이 지극했던 김만중은 유배지*에서 소설 읽기를 좋아하는 어머니를 위해《사씨남정기》를 쓰기도 했어요.

김만중은 유배지에서 어머니가 병을 얻어 세상을 떠났는데도 가 보지 못하고, 온갖 질병으로 몸이 쇠약해져 55세의 나이로 생을 마감하고 말았어요.

그 시절은 한글보다는 한문으로 된 책들이 많았다고 해요. 그러나 김만중은 유난히 한글을 중요하게 여기고 사랑해서 한글 소설을 썼다고 해요.

한글로 쓰인 그의 작품은 지금도 많이 사랑받고 있답니다.

김만중: 1637년 출생~1692년 사망

홍문관 대제학 등을 지낸 **조선시대** 후기의 문신이자 소설가였다. 문신 가문에서 태어나 학문에 뛰어났으며, 관직에서도 활약했지만, 여러 정치적 갈등으로 유배 생활을 하기도 했다.

어머니를 위로하기 위해 한글 소설인 《구운몽》을 집필했으며, 이는 조선 문학사에서 중요한 작품으로 평가받는다. 이 책은 중국에 사신으로 가게 된 김만중이 중국 소설을 사오라고 한 어머니의 부탁을 잊어버려 돌아오는 길에 부랴부랴 이 작품을 지어 드렸다는 이야기가 그의 집안에서 전해지고 있다.

또한 유배지였던 남해에서 한글로 고전 소설 《사씨남정기》를 집필했다. 그는 한글을 중요하게 여겼고, 이를 통해 백성들과 소통하고자 했던 점에서 의미가 크다.

알쏭달쏭 낱말 공부

* **병자호란**: 음력으로 1636년(조선 인조 14년) 병자년 12월 8일부터 정축년 1월 30일까지 이루어진 청나라가 조선을 침략한 전쟁이다. 청은 병자호란을 통해 조선을 굴복시켜 번국*으로 삼고, 조선은 그 대가로 군사적, 경제적 부담과 공녀 차출을 강제 당하게 되었다.
* **유배지**: 귀양살이하는 곳
* **번국**: 강대국의 보호를 받거나 지배를 받는 나라를 의미한다. 어느 정도의 자치권은 있지만 독립적인 외교권이나 군사권이 제한된다.

살아있는 풍속도를 그린
김홍도

으하하, 호호호
길거리에서
웃고 떠드는 사람들 모습
홍도의 눈으로 들어오고

홍도의 눈에서
다시
화폭으로 들어가 앉았어.

김홍도 그림 보면
이리와 저리가
시끌벅적

조선시대 장터가
사진처럼 들어있지.

"딱!"

"아얏! 왜 때려요?"

"이 녀석아! 산수화를 그리라고 했지, 누가 엉뚱한 그림을 그리래."

스승님이 실눈을 뜨고 홍도를 노려보았어요.

"알았어요."

홍도는 기어들어 가는 목소리로 말하고는 벌떡 일어나 밖으로 나갔어요.

길거리에는 사람들이 많아 시끌벅적 소란스러웠지요. 홍도는 꼬챙이를 들고 스승님 몰래 사람들이 웃고 떠드는 모습을 땅바닥에 그렸어요.

홍도의 눈에는 사람들이 사는 모습이 재미있고 신기하기만 했어요.

하지만 조선시대에는 산수화를 으뜸으로 쳤기 때문에 거리의 풍경을 그린 풍속화는 알아주는 사람이 없었어요.

어릴 때부터 그림에 소질이 있었던 김홍도는 **도화서*** 화원이 되어 허드렛일부터 시작했어요. 그러나 중인 신분이라 멸시를 받았지요.

"질 좋은 종이 좀 구해와! 물감 좀 만들고, 먹도 갈아 놓게."

선배들은 홍도를 마치 종 부리듯 부려 먹었지요. 홍도는 싫어도 싫은 내색 없이 시키는 일은 척척 해냈어요.

"이 붓끝이 힘이 좋아서 잘 그려지겠는걸. 종이는 저게 좋겠어."

덕분에 홍도는 좋은 붓과 질 좋은 종이 고르는 법을 알게 되었어요.

결국에는 궁중 행사의 그림을 맡았어요. 임금님의 초상화도 그리고, 궁중 행사의 모습을 여러 폭 병풍에 담아내기도 했어요.

훗날, 풍속화*도 사람들에게 인정받으면서 김홍도는 더욱 바빠졌어요.

"표정을 살려야 해. 그럼, 사람들의 얼굴을 잘 살펴야겠지."

김홍도의 세밀한 관찰 덕분에 그림은 더욱 재미있어졌어요.

사람들의 삶의 모습을 한 폭의 그림으로 표현한 김홍도의 그림은 마치 살아있는 것처럼 정겹답니다.

김홍도: 1745년경 출생~1806년에서 1818년경 사망으로 추정함

호는 단원이고, **조선 후기**의 대표적인 화가로 풍속화를 통해 당시 서민들의 일상과 삶의 모습을 생생하게 담아냈다. 그의 작품은 사실성과 생동감이 뛰어나 조선 시대 회화의 정수를 보여준다. 대표작으로는 《서당》, 《씨름》, 《무동》 등이 있으며 28세 때는 영조와 왕세자의 초상을 그렸다. 그 외에도 산수화, 신선도 등 다양한 분야에서 재능을 발휘했다. 그의 그림은 조선 후기 큰 영향을 끼쳤으며 민중적 감각의 화가로 평가받는다.

알쏭달쏭 낱말 공부

* **도화서**: 조선시대의 그림에 관한 일을 맡아보던 관아. 성종 때 도화원을 고친 것이다.
* **풍속화**: 인간의 생활상을 그린 그림. 좁은 의미로는 민간의 풍속을 그린 그림을 뜻한다.

다재다능한 학자
정약용

암행어사 출도요~
나쁜 짓 하던
고을 수령 벌벌 떨게 한
정약용

목민심서 보시오!
관리들이 지켜야 할 도리
지혜로 일구어냈지.

거중기 대령이요!
무거운 돌도
거뜬하게 옮기는
기구 만들었지.

"저 사람은 하늘이 내렸나 봐. 저렇게 많은 재주를 가졌다니."

바로 다산 정약용 선생을 두고 하는 말이에요.

다산 정약용은 조선 후기의 실학자로 정조 임금님의 총애를 한 몸에 받았어요.

정조 임금님이 수원화성을 쌓아 올리라 명하자, 정약용은 고민에 빠졌지요.

'좀 더 쉽게 돌을 쌓을 방법은 없을까?'

그래서 만든 기구가 도르래의 원리를 이용한 **거중기***였어요.

정약용은 청나라에서 전해져온 새로운 기술과 지식을 익혀 우리나라가 더 부강하도록 만들기 위해 노력했지요.

"도와주십시오. 제 아이가 아프답니다."

굶주림에 힘든 백성이 정약용의 옷자락을 붙들고 말했어요. 아이는 홍역에 걸려서 열이 펄펄 끓었지요.

정약용은 문제가 생기면 곧바로 연구하고 고민했어요. 그러다가 결국 치료법을 알아냈고, 책으로 만들어 널리 알리는 일에 힘쓰기도 했지요.

정조 임금님은 그의 강직함을 알고 몰래 암행어사로 임명하여 백성들의 생활을 살피라 명했어요.

"고을의 수령*이라는 자가 자기 욕심만 채우니 백성들의 삶이 힘들 수밖에."

정약용은 고을 수령을 혼내주고 백성들을 보살폈어요.

그러나 그를 시기 질투하던 무리가 정약용이 천도교도라는 이유로 모함을 해 18년 동안이나 긴 유배 생활을 해야 했지요.

유배지에서 가족에게 쓴 편지는 그의 따뜻한 성품이 그대로 드러나 있어요. 또 지방 관리의 도리에 관하여 정리한 책《목민심서》를 완성했어요.

그의 총명함과 지혜로 일구어낸 업적은 많은 사람을 편리하게 해 주었고, 그의 명성 또한 널리 퍼져나갔답니다.

정약용: 1762년 출생~1836년 사망

조선 후기의 실학자이자 정치가, 문학가로 호는 '다산'이다. 지은 책이 500여 권이며 그의 대표적인 개혁 사상을 담은 3대 저서가 제일 유명하다.

3대 저서는 지방 관리(목민관)가 백성을 다스리는 방법을 기록한 행정 지침서인 《목민심서》, 공정한 재판과 형벌 운영을 다룬 법률서인 《흠흠신서》, 행정기구, 관제, 토지, 부세 등 제도개선을 적은 정치·행정 개혁서인 《경세유표》다.

그는 실용적인 과학과 기술, 사회 제도 개선을 중시했으며, 거중기와 같은 기계 발명에도 관심을 기울였다.

알쏭달쏭 낱말 공부

* **거중기**: 다산 정약용이 정조가 중국에서 들여온 《기기도설》을 참고하여 고안한 기계이다.
* **수령**: 조선시대, 중앙에서 파견된 지방관의 호칭이다. 조선 행정구역 분류에 따라 부윤, 대도호부사, 목사, 도호부사, 군수, 현령, 현감을 통칭하는 말이다.

대동여지도를 만든
김정호

'어, 지도네?'
지도 한 장 얻은 정호는
동네를 돌며 지형을 맞춰보았지.

'어, 왜 이렇게 다르지?'
정호는 답답해서

여기는 산, 저기는 강
이곳은 마을, 논과 밭
험하고 험한 산길 들길

한 걸음 한 걸음
걷고 또 걸어서
일본도 감탄하는
상세한 지도 만들었지.

"이곳은 지난번에 왔던 그 길이야."

유난히 길눈이 밝아서 한 번 와 본 길은 귀신같이 찾아내는 아이가 있었어요.

어느 날, 정호는 우연히 지도 한 장을 얻었어요. 호기심이 많았던 정호는 지도를 들고 동네마다 돌아다니며 지형을 맞춰보았어요.

그런데 지도는 실제로 생긴 모습과 매우 달라서 실망하고 말았지요. 시간이 흘러 어른이 되어서도 지도를 들고 들과 산으로 다녔답니다.

서울에 있는 이름난 지도를 가져와 맞춰보기까지 했지만, 실제 지형과 달라서 번번이 실망하고 말았어요.

"이렇게 달라서야 지도라고 할 수 없지. 사람들이 길을 잃고 헤매고 말 거야."

그때부터 정호는 지도를 연구하기 시작했어요. 끊임없이 산을 오르고 들판을 가로지르며 실제와 같은 지도를 만들기 위해 노력했어요.

도화원*에서는 몇 년에 한 번씩 도화서 화원과 상지*를 파견해 군현 지도를 새로 만들었다고 해요.

정호에게는 그 지도들이 요긴하게 쓰였지요. 지도를 한데 모으고 새로운 지도를 만들어 각 지방을 돌며 맞춰보았어요.

실제와 다른 곳은 다시 고쳐서 새롭게 만들었지요. 실제로 가까운 산은 크게 보이고, 먼 곳에 있는 산은 작게 보이니 '인지의'라는 각도를 재는 기구를 이용해 거리를 재기도 했답니다.

정호의 이런 노력으로 지도를 만드는 데 성공했어요. 그런데 지도의 우수성을 알아본 이는 따로 있었지요.

일제의 조선총독부가 조선을 침탈하기 위해 지도가 필요했는데 우연히 대동여지도를 발견하게 되었지요. 실제 지형을 그대로 나타낸 대동여지도를 보고 감탄했답니다.

김정호: 1804년 출생~1866년경 사망

호는 '고산자'이고, **조선시대 후기**에 활동한 지리학자이자 지도 제작자이다. 양반의 자손은 아니었다. 1861년 《대동여지도》, 1864년 《대동지지도 32권》 등 지리학에 크게 공헌하였다. 그가 그린 지도는 목판본 지도여서 보급하기 쉬운 지도였다.

알쏭달쏭 낱말 공부

* **도화원**: 조선시대의 왕립 회화기관으로 궁중 및 국가에서 필요한 그림을 제작하는 역할을 했다. 조선 후기에 점차 기능이 약화하다가, 대한 제국 시기에 폐지가 되었다.
* **상지**: 공부나 경험 없이도 타고난 지혜를 갖춘 사람을 말한다. 일반적으로 매우 영리하고 통찰력이 뛰어난 사람을 가리킨다.

조선 말기와 대한 제국, 일제 강점기 위인

의학의 아버지
지석영

"곰보딱지 저리 가!
얼레리꼴레리
곰보, 곰보, 꼼보!"
동네 아이들
곰보 아이 놀렸지.

석영은
따돌림당해
울고 가는 아이
뒷모습 보고 가슴 아파
전염병 공부 시작했지.

종두법 배워서
예방접종으로
무서운 전염병인 천연두
거뜬히 물리쳤지.

1870년대 '천연두'라는 전염병 때문에 봄이 되면 많은 사람이 목숨을 잃는 일이 있었어요. 마마로 불리는 천연두를 앓은 아이는 병이 나아도 얼굴에 곰보딱지처럼 구멍이 숭숭 흉터가 남았지요.

어린 석영은 동네 아이들이랑 놀다가 곰보 아이를 만났어요.

아이들은 곰보딱지 저리 가라고 놀리며 곰보 아이랑 놀기를 꺼렸지요. 생긴 모습도 흉하지만 옮을까 봐 겁을 집어먹은 것이지요.

곰보 아이는 아이들의 따돌림에 시무룩해져서 멀리 가버렸어요. 아이의 뒷모습에 석영은 미안한 마음이 들었어요.

석영의 아버지는 한의학을 공부하던 분이었어요. 힘든 사람들에게 약값도 안 받고 약을 지어주는 착한 분이었는데, 그 때문에 석영의 집은 가난을 면치 못했답니다.

그 시절 **두창***에 걸린 사람은 마마 귀신이 붙었다고 해서 가까이 오지 못하게 했어요. 마마 귀신을 떼어내기 위해 굿을 하는 집도 있었지요.

지석영은 한의학을 배웠지만 천연두 앞에서는 소용이 없음을 알고는 서양의학의 종두법을 배우기로 결심했어요.

그러던 어느 날, 어린 조카가 천연두에 걸렸다는 소식을 듣게 되었어요. 그러나 변변한 치료조차 받지 못하고 죽고 말았지요.

절망에 빠진 석영은 당시 일본과 교류가 많았던 부산에 종두법이 이미 도입되었다는 소식을 듣고 부산에 가서 직접 배웠어요. 다시 상경하던 중 충주에서 어린이 40여 명에게 처음으로 '접종'을 시도했어요. 우리나라 역사상 처음으로 실시된 우두 접종이었지요.

우두 접종은 젖소에서 발생하는 두종을 침으로 긁어내어 소아의 팔 위에 접종하여 천연두를 예방하는 방법이지요.

그런데 굿을 해야 먹고 사는 무당들이 석영을 못마땅하게 여겼어요.

"연구는 무슨 연구야. 우리 먹고 살길만 막혔구먼."

불평하던 무당들이 석영을 일본의 앞잡이라 몰아세워 누명을 쓰고 강진으로 가서 귀양살이했어요.

그렇지만 석영은 어려움을 이겨내고 열심히 공부하여 벼슬에 올라 우두국을 설치하고, 한성 의학교도 세웠어요.

지석영은 우리나라의 의학 발전에 큰 공을 세운 인물로 지금도 많은 존경을 받고 있답니다.

지석영: 1855년 출생~1935년 사망

조선 말기와 대한 제국, 일제 강점기를 살았던 의사이며 국어학자이다. 지석영은 중인이라 의관*이 될 수 없어 의학교육을 받지 않았으나 중국에서 번역된 서양 의학 책을 즐겨 읽었다. 수신사 김홍집의 수행원으로 일본 도쿄에 가서 종두법(천연두 예방접종)을 도입하여 확산시키는데 이바지했다. 또한 한글 연구와 한글 가로쓰기 보급에도 앞장섰다.

알쏭달쏭 낱말 공부

* **두창(痘瘡)**: 천연두(天然痘)의 한자식 명칭으로, 바이러스성 감염병이다. 고열, 수포, 농포성의 발진이 특징인 급성 질환으로 치사율이 높아 역사적으로 많은 희생자를 냈으며 생존하더라도 흉터(곰보)가 남는 경우가 많았다. 20세기 후반 WHO의 예방 접종 캠페인 덕분에 1980년 완전히 근절된 최초의 감염병이다.
* **의관**: 조선시대 관료 의사를 가리키는 말로, 대한 제국 때는 국가에서 임명한 중추원에 속한 벼슬을 의미한다. 의관들은 '의과'라는 과거시험을 통해 선발되었으며, 한의학을 기반으로 한 의술을 익혔다. 대표적인 의관으로는 허준 등이 있다.

별이 된
안중근

몸에 일곱 개
별을 안고
태어난 아이

탕! 탕!
하얼빈에 울린 총성
이토 히로부미
저격하고

우리 가슴에
잊혀 지지 않는
큰 별이 되었지.

"어머나! 별이 일곱 개네. 북두칠성을 닮았어."

아이를 받아낸 산파가 눈을 동그랗게 뜨고 웃었어요.

"큰 인물이 되려나 봐요."

부잣집 장손으로 태어난 응칠은 할아버지가 등에 업어 키우며 사랑을 듬뿍 주었지요. 키가 작아 '새끼손가락'이라는 뜻의 '소지'라고 부르며 귀여워했어요.

그런 할아버지 밑에서 자란 응칠은 말썽꾸러기였지요. 깎아지른 벼랑에 있는 꽃을 꺾으려고 내려갔다가 미끄러져 죽을 뻔한 일도 있었어요.

또 어른들이 사냥을 나갔는데 따라갔다가 멧돼지한테 당할 뻔한 일도 있었지요. 다행히 응칠이 가지고 있던 총으로 쏘아 명중시켰기에 망정이지 큰일을 당할 뻔했지요.

"행동을 가볍게 하지 말아라."

할아버지가 응칠의 얼굴을 마주 보며 말했어요. 그리고 무거울 중(重) 자와 뿌리 근(根) 자를 써서 새로운 이름을 지어주었답니다.

어른이 된 안중근은 일제의 **탄압***이 날로 심해지던 때에 나라를 되찾으려면 열심히 배워야 한다고 생각했어요. 그래서 열심히 공부하고 무술도 연마했어요. 화승총을 쏘아 20보 거리에 있는 동전까지 맞추었어요.

또 러시아에서 '대한 의군'을 만들어 훈련하고 약탈을 일삼는 일본군을 혼내주었지요.

하지만 막강한 일본군과 싸우기에는 힘이 모자랐어요. 번번이 좌절을 겪다가 마음을 새롭게 하자는 뜻으로 네 번째 손가락을 잘라 동지들 앞에 섰답니다. 그러고는 조선 침략의 원흉인 이토 히로부미를 만주 하얼빈역에서 권총으로 저격하였어요.

그 후 사형선고를 받고 32세의 나이에 생을 마감하게 된 그는 러시아 뤼순* 감옥 묘지에 묻혔어요.

뜻있는 사람들이 시신을 고국으로 모셔 오기 위해 백방*으로 노력했지만, 일본 사람들의 방해로 이루지 못했다고 해요.

서울 효창공원에 모셔진 안중근 의사의 묘는 시신이 없는 가짜 묘에요. 세월이 흘러 뤼순 감옥 묘지가 훼손되어 시신을 찾을 수 없게 되었기 때문이지요.

그럼에도 불구하고 안중근 의사는 우리 역사 속에 별처럼 빛나고 있답니다.

안중근: 1879년 출생~1910년 교수형으로 사망

대한 제국 말기와 일제 강점기 초기에 활동한 독립운동가이다. 1909년 10월 26일 만주 하얼빈역에 잠입하여 러시아군의 군례를 받는 이토 히로부미를 암살하였다. 1910년 3월 26일 오전 10시에 살인의 죄형으로 관동주 뤼순형무소에서 교수형으로 사망했다. 수감 중에도 그는 〈동양 평화론〉의 저술을 하였으나 끝내 완성 시키지 못했지만, 글씨에도 뛰어나 많은 글씨를 남겼다. 국권 회복 운동의 상징적 인물이며 독립운동의 선봉장 역할을 했다. 1962년 건국훈장 대한민국장을 받았다.

알쏭달쏭 낱말 공부

* **탄압:** 권력이나 무력 따위로 억지로 눌러 꼼짝 못하게 함
* **뤼순:** 삼면이 바다로 둘러싸인 전략적으로 중요한 항구 도시이다. 고조선, 고구려, 발해의 영토였으나 1955년 중화인민공화국 땅이 되었다.
* **백방:** 여러 가지 방법, 또는 온갖 수단과 방도

자나 깨나 나라 사랑
안창호

유학하던 미국에서
나쁜 소문 듣고
고국으로 오는 배를 탄
안창호

일본의 총칼 아래 놓인
조선을 구해야 해.

시간이 걸리더라도
모두 기초부터
튼튼히 공부해야 해.

독립하려면
힘도 길러야 해.

자나 깨나 나라 사랑
앉으나 서나 자주독립

"아이고 눈물이 나서 못 살겠네. 어린 꼬마 녀석이 어쩜 저렇게 글을 잘 읽누?"

아주머니가 눈물을 훔치며 코를 팽 풀었어요.

책 읽기를 좋아했던 안창호는 동네에 이야기책이 들어올 때마다 사람들을 모아놓고 또랑또랑한 목소리로 책을 읽었어요.

홍길동전, 춘향전을 얼마나 실감 나게 읽던지 사람들이 넋을 놓고 들었어요.

안창호는 일곱 살 때 아버지가 중풍으로 돌아가시는 바람에 가난한 유년 시절을 보내야 했어요.

스물다섯 살 청년이 된 안창호는 생애 처음으로 큰 배를 탔어요. 미국으로 가는 배였지요.

"세상은 참으로 넓구나!"

청일전쟁*으로 우리나라의 땅이 파괴되는 것을 보고 교육자가 되기 위해 미국으로 가기로 결심하게 된 것이지요.

미국 초등학교에 입학해서 영어를 배웠는데 스물다섯 청년이 어린아이들이랑 공부하니 주위에서 다들 안창호를 이상하게 쳐다봤대요.

그 후 고국*의 사정이 점점 나빠지고 있다는 소문을 듣고 가족들을 미국에 남겨두고 조국으로 돌아와 독립운동을 했어요.

안창호는 일본과 똑같이 총 칼을 앞세워 일본에 맞서야 한다고 생각하는 동지들과는 생각이 좀 달랐어요.

"시간이 걸리더라도 기초부터 튼튼히 해서 독립운동을 전개해야 합니다."
라고 자기 생각을 이야기했지요.

안창호는 3·1운동이 전개되던 시점에 상해 임시정부를 수립했는데, 독립운동에도 중심이 있어야 한다고 생각했기 때문이지요.

안창호는 항상 경제적 정치적 안정을 먼저 이루어야 한다고 생각했어요. 그가 꿈꾸었던 '이상촌'의 모습이었지요.

일본의 탄압으로 안창호는 감옥을 오가는 생활 끝에 몸이 망가질 대로 망가져서 61세의 나이로 안타깝게도 세상을 떠났답니다.

안창호: 1878년 출생~1938년 간경화증으로 사망

대한 제국 말기부터 일제 강점기까지 활동한 독립운동가, 교육자, 사상가이다. 평안남도 강서군에서 태어나고, 호는 '도산'이다. 1908년 평양에 대성학교를 세우고 공부해야 함을 강조하였다.

그는 독립운동뿐만이 아니라 교육과 계몽운동을 통해 민족의 실력을 키우는 데 집중한 지도자로 평가된다. 1962년 건국훈장 대한민국장을 받았다. 미국 LA에 〔도산 안창호 메모리얼 인터체인지〕와 〔안창호 우체국〕이 있다.

알쏭달쏭 낱말 공부

* **청일전쟁**: 1894년부터 1895년까지 조선에서 영향력을 두고, 청나라와 일본이 벌인 전쟁이다. 조선은 청나라의 영향 아래 있었는데 조선에서 동학농민운동이 발생하자 청나라에 군대를 요청하였다. 그런데 일본도 군대를 파견하여 청나라 군대를 공격하여 전쟁이 시작되었다. 청나라의 패배로 일본이 본격적으로 조선에서 영향력을 강화하였다. 즉 청일전쟁은 일본이 동아시아에서 강대국으로 떠오르고 조선이 일본의 지배를 받게 되는 결정적 계기가 된 전쟁이다.
* **고국**: 주로 남의 나라에 있는 사람이 자기 조상 때부터 살던 나라를 이르는 말이다.

일제 강점기 위인

물통 폭탄을 던진
윤봉길

"대한독립 만세!"
외치고 싶어
일본인 교장, 교사 있는
학교 그만두었지.

훗날
일본 고위 간부 혼내주려고
야채상으로 가장해
폭탄을 터트렸지.

쾅!
조선인들의
울분도 터뜨렸지.

"으앙!"

"아이고 저 울음소리 좀 보소."

목발이라는 마을에 울음소리가 우렁찬 사내아이가 태어났어요.

"큰 구렁이가 내 입으로 들어오는 꿈을 꾸었는데."

윤봉길의 어머니가 갓난아이의 얼굴에 눈을 맞추고 웃으며 태몽 이야기를 했어요.

윤봉길은 싸움도 잘하고, 개구쟁이였어요. 또 성격은 얼마나 급한지 천자문을 외울 때 말을 더듬기까지 했답니다.

"차근차근히 해 봐. 급하게 그러지 말고."

어머니는 혹시 놀림이라도 받으면 어쩌나 걱정이 이만저만 아니었지요.

시간이 흘러 윤봉길이 보통학교에 입학할 무렵 3·1운동이 일어났어요. 마을 곳곳에 태극기를 든 사람들이 거리로 쏟아져 나왔지요.

"대한독립 만세!"

윤봉길도 외치고 싶었지만, 교장 선생님이 **휴교령***을 내리고 문밖을 나오지 못하게 했어요.

그래서 윤봉길은 울분을 참지 못하고, 일본인 교장과 교사들이 있는 학교를 스스로 그만두었어요.

청년이 되어서는 **야학회***를 조직해 불우한 청소년을 가르치기도 했어요. 또 이솝우화에 나오는 교활한 여우를 일본 제국에 빗대어 공연했는데 이때부터 일본 경찰의 감시를 받게 되었어요.

우리나라의 독립을 위해 더 큰 일을 해야겠다고 마음먹고 만주로 **망명***하던 중, 미행하던 일본 경찰에게 잡혀서 45일간 감옥에 갇히기도 했지요.

그곳에서 간신히 탈출에 성공한 윤봉길은 세탁소 직원으로 일하며 기회를 엿보다가 상해 임시정부의 김구를 만나 독립을 위해 목숨을 바칠 각오가 되어 있음을 전하지요.

이후 윤봉길은 야채상으로 가장해서 일본의 전승 축하 기념식에 물통 폭탄을 단상 위로 던져 장군들이 사망하며 폭탄 작전은 성공합니다.

하지만 그 일로 사형선고를 받아 생을 마감하게 되었지요. 그의 숭고한 정신은 지금도 우리의 가슴에 남아 영원히 기억되고 있답니다.

윤봉길: 1908년 출생~1932년 총살형으로 사망

일제 강점기에 활동한 독립운동가로 대한민국 임시정부의 독립운동에 크게 이바지했다. 농민 계몽을 위해 〈농민독본〉이란 교재를 집필하여 야학회를 조직, 학교에 다니지 못하는 농촌의 불우한 청소년을 가르쳤다.

1932년 4월 29일 일왕의 생일날 행사장에 폭탄을 던져 일본 상하이파견군 대장 등을 즉사시키는 거사를 치르고 현장에서 체포되었다. 1932년 5월 사형을 선고받고, 1932년 12월 19일에 일본 가나자와에서 처형당했다.

알쏭달쏭 낱말 공부

* **휴교령:** 학교에 대하여 건물 관리 따위의 단순한 관리 업무를 제외한 학교의 모든 기능을 정지시키는 명령
* **야학회:** 밤에 글을 가르치는 모임
* **망명:** 혁명 또는 그 밖의 정치적인 이유로 자기 나라에서 박해받고 있거나 박해를 받을 위험이 있는 사람이 이를 피하려고 외국으로 몸을 옮김

영원한 누나
유관순

아우내 장터에
울려 퍼진
"대한독립 만세!"

고문당하면서도
"대한독립 만세!"

오직 나라 사랑
유관순 누나의 외침

지금도
우리 귓가에
들리는 것 같아.

"그것도 못 해? 내가 해볼게."

계집아이 하나가 나무를 타고 올라가 빨갛게 익은 홍시를 땄어요. 또 작은 아이를 괴롭히는 나쁜 아이가 있으면 막아서기도 했어요. 그 당돌한 여자아이가 바로 유관순이에요.

유관순은 작은아버지가 선교사가 될 무렵 교회에 나가게 되었어요. 일제가 우리나라를 탄압하기 위해 **을사늑약***을 맺던 시절이었지요.

교회에서 양반과 상민이 똑같은 사람이고, 남녀가 평등하다는 새로운 문화를 알게 되었어요.

그래서 더 많은 것을 배워야겠다는 마음으로 이화학당에 들어가게 되었지요.

유관순은 그곳에서도 늘 앞장서서 선행을 베풀었어요. 남몰래 청소하고, 또 식비를 내지 못해 힘들어하는 친구를 돕기도 했어요.

그러나 일제의 탄압이 날로 심해지고, 고종황제가 독살되었다는 소문이 퍼졌어요.

늘 의로운 일에 앞장서기를 좋아했던 유관순은 그 소식을 듣고 울분을 참지 못했어요.

"희망을 품은 사람에게 미래도 있단다."

평소 존경하는 박인덕 선생님의 이야기에 가슴을 쓸어내리며 나라를 위해 뭔가 할 일이 없을까 고민했어요.

3월 1일 아침, 일제의 만행에 참지 못한 사람들이 태극기를 들고 거리로 나섰는데 그 중심에 유관순이 있었어요.

파고다 공원에서 시작된 만세운동은 전국 각지로 퍼져나갔지요.

만세운동에 동참했던 많은 사람이 일제의 총 칼에 쓰러졌어요. 서대문 형무소로 잡혀간 유관순은 모진 고문을 받았어요.

그러나 고문에도 굴하지 않고 형무소 안에서도 "대한독립 만세!"를 외쳤지요.

열아홉의 꽃다운 나이에 차가운 감옥에서 병을 얻은 유관순은 그렇게 일찍 세상을 떠나고 말았답니다.

유관순: 1902년 출생~1920년 서대문 형무소에서 사망

일제 강점기에 활동한 독립운동가이다. 천안군 목천면에서 태어나고, 미국 선교사의 도움으로 이화학당에서 공부했다. 1919년 3·1운동에 참여하여 고향인 천안 아우내 장터에서 독립 만세를 외친 후, 일본 경찰에 체포되었다. "일본은 망한다."라는 유언을 남긴 유관순은 대한독립을 위한 상징적인 인물이며 3·1 만세운동의 영원한 꽃이다.

알쏭달쏭 낱말 공부

* **을사늑약**: 대한 제국 광무 9년(1905)에 일본이 한국의 외교권을 빼앗기 위하여 강제적으로 맺은 조약.
  고종 황제가 끝까지 재가하지 않았기 때문에 원인 무효의 조약이다.

민족시인
윤동주

'서시'
'별 헤는 밤'
'또 다른 고향'
마음 깊은 곳에서
익고 익어 흘러나온 시

일제 억압 중에도
희망과 자유를 꿈꾸며
써 내려간 시

《하늘과 바람과 별과 시》 시집에
스물아홉 짧은 삶을
가득 담아 놓았지요.

"아얏! 아파요."

어머니가 빗자루로 해환의 엉덩짝을 큰 소리가 나게 때렸어요.

"그러게 누가 방을 요 모양으로 만들래?"

분이 풀리지 않은 어머니가 빗자루를 높이 쳐들었지요.

해환은 냉큼 문을 열고 달아났어요. 그리고 어머니가 부엌으로 나간 사이에 몰래 들어와서 빗자루를 벽장 깊숙이 감추었어요.

방안은 가위로 자른 종이들로 지저분했지요.

이 말썽꾸러기가 바로 윤동주랍니다. 윤동주는 태어났을 때 '해처럼 밝은 사람이 되라'라는 뜻의 '해환'이라는 이름을 가졌대요.

그러나 중학교에 들어가면서 윤동주라는 이름으로 바꾸게 되지요.

일제 강점기 시절 윤동주는 만주 땅 북간도에서 나고 자랐어요. 타국에 살다 보니 늘 조국이 그리웠지요.

일본 사람들은 우리의 말과 글을 못 쓰게 하려고 수단과 방법을 가리지 않았어요. 윤동주는 그것이 늘 못마땅했지요.

그래서 더욱더 시를 통해 우리 민족의 혼을 일깨우고 독립의 의지가 꺾이지 않기를 바랐던 거예요.

윤동주는 재주가 많았어요. 은진중학교에서 문예지를 발간하기도 하고, 또 축구선수로도 활약했지요. 또 웅변대회에서는 '땀 한 방울'이라는 제목으로 일등 상을 타기도 했답니다.

　윤동주는 틈날 때마다 시를 지었어요. 시 속에는 고통받는 우리나라의 모습이 그대로 담겼지요.

　일본 유학길에서 같이 학교 다녔던 친구들을 만났어요. 모임에서는 늘 조선 독립에 대한 의견뿐이었지요.

　그런데 친구 중에는 **항일운동***을 한 경험 때문에 일본 경찰의 감시를 받는 친구가 있었어요. 그 친구가 경찰에 끌려가면서 윤동주도 같이 감옥에 갇히게 되었답니다. 감옥에서 유일하게 할 수 있는 일은 엽서를 보내는 일이었어요. 그러나 그마저도 병을 얻어 29세의 짧은 나이에 생을 마감하는 바람에 그만두게 되었답니다.

　3년 후 그의 **유고*** 시집인 《하늘과 바람과 별과 시》가 출간이 되었어요. 윤동주는 살았을 때보다 세상을 떠난 후 많은 사랑을 받은 우리나라의 민족시인이랍니다.

윤동주: 1917년 출생~1945년 사망

일제 강점기에 활동한 독립운동가였고, 시인이다. 작품으로는 '서시', '별 헤는 밤', '또 다른 고향' 등이 있으며, 시집 《하늘과 바람과 별과 시》가 있다. 송몽규와는 고종사촌 관계로 평생을 같이했다.

문학과 독립운동을 아우른 인물로, 특히 일제 강점기의 억압 속에서 희망과 자유를 꿈꾼 시인으로 기억되고 있다.

알쏭달쏭 낱말 공부

* **항일운동**: 일본 제국주의의 침략에 대한 저항운동
* **유고**: 죽은 사람이 생전에 써서 남긴 원고

대한 제국 말기, 일제 강점기, 대한민국 초기 위인

완전한 자주독립을 외친
김구

남한은 남한대로
북한은 북한대로
각자 나아가는 건
독립이 아니야.
남과 북은 하나여야 해.
완전한 자주독립을 해야 해.

이렇게 외친 김구 선생님

그 간절한 소원
아직도
이루어지지 못했지.

"먹은 게 없어 젖이 돌지 않아."

창암은 가난한 집에서 태어났어요. 창암의 어머니는 젖동냥하러 다녀야 했지요.

두 살 때는 마마를 앓고 어렵게 목숨을 구했지요. 그러나 그때 생긴 곰보 자국이 평생 얼굴에 흉터로 남았대요.

어려운 가정형편이지만 아버지는 창암이 글공부를 하도록 돕고 싶었대요.

그러나 양반이 다니는 곳은 갈 수가 없어 사랑방에 서당을 차리고 이 생원*을 모셔 와서 배웠다고 해요.

그러다 평등사상을 강조한 동학에 들어가게 되었어요. 동학에 들어가면서 이름도 창수로 바꾸었지요.

동학의 일원으로 조선 땅에서 청나라와 일본이 서로 싸우는 것을 보고 울분을 토했지요.

스무 살 때는 일본이 우리나라의 국모를 시해한 일로 분노해서 주막을 찾은 일본군 중위를 죽이게 되었지요.

그 일이 발각되어 사형선고를 받게 되는데 다행히도 고종의 사형집행 정지령으로 목숨을 건졌어요.

24세에 김구로 이름을 바꾸고, 3·1운동 당시에는 상하이로 가서 임시정부의 경무국장이 되었어요. 그리고 윤봉길, 이봉창 의사들과 저항운동을 펼쳤지요.

그렇게 꿈에 그리던 해방이 되었는데 미국과 소련의 개입으로 **한국전쟁***이 일어나고 분단국이 될 위기에 처하게 되었어요.

"나의 소원은 우리나라 대한의 완전한 자주독립이요!"

라고 외쳤던 그 굳은 의지가 꺾일 위기에 처한 것이지요.

남몰래 북한으로 가서 김일성을 만나기도 했지만, 남북협상을 하여 평양으로 가서 대표자 회의를 했어요. 하지만 그의 노력에도 불구하고 결국 남북이 갈라지는 아픔을 겪게 되고 말았지요.

김구 선생은 73세에 생을 마감하기 전까지 두 아들, 인과 신에게 자신의 인생과 삶의 이야기를 적은 백범일지를 남기기도 했답니다.

김구: 1876년 출생~1949년 사망

대한 제국 말기와 일제 강점기, 대한민국 초기에 활동한 독립운동가이자 정치인이며 호는 백범이다. 일제 강점기에 나라의 독립과 통일 민족국가 건설을 위해 투쟁하고, 애국계몽운동을 전개했다. 대한민국 임시정부 조직에 참여하고, 1944년 대한민국 임시정보 주석에 선임되었다. 신민회, 한인애국단 등에서 활동했다. 조국의 독립을 위해 평생을 바친 인물로 《백범일지》라는 자서전으로 잘 알려져 있다.

알쏭달쏭 낱말 공부

* **생원:** 조선시대에 소과의 하나인 생원시에 합격한 사람
* **한국전쟁:** 1950년 6월 25일 새벽에 북한군이 북위 38도선 이남으로, 기습적으로 침공함으로써 일어난 전쟁이다. 1953년 7월 27일에 휴전이 이루어져 휴전선을 확정하였으며, 휴전 상태가 오늘날까지 지속되고 있다.

20세기 중반과 후반 위인

따뜻한 화가
박수근

박수근이 그린
빨래터에는

돌이네 엄마
숙이네 엄마
오순도순 앉았다.

빨랫감 조물조물
정다운 이야기 조곤조곤
따뜻한 풍경 속
그리운 엄마들

"와! 저 그림 너무 좋아."

밀레의 만종을 보고 가슴이 벅찼던 소년이 있었어요. 바로 우리나라의 대표 화가 박수근이지요.

밀레처럼 박수근도 농촌의 풍경이며 서민들이 살아가는 모습을 그렸어요.

"그림이 그렇게 어두워서 누가 사서 걸겠나?"

친구들이 끌끌 혀를 찼지만, 아랑곳없이 자신의 느낌을 그림에 담고 열정을 쏟았지요. 남의 도움을 받지 않고 혼자서 그린 그림이 조선 미술전람회에서 당당히 입선에 올랐어요. 미술 전문가들에게 인정받은 것 같아 기분이 좋았지요.

그런데 어머니가 가슴에 큰 종양이 자라 세상을 떠나고 말았어요. 사업에 실패한 아버지, 교도소로 끌려간 동생까지 박수근에게는 어려운 현실만 가득했지요. 그러한 이유로 박수근의 마음은 아주 많이 무거웠지요.

1940년 스물여섯 살이 된 박수근은 부잣집 맏딸로 춘천여자고등학교에 다니는 기독교 신자인 김복순과 결혼했어요. 결혼 후 평생 처음으로 제대로 된 직장생활을 잠시 했어요. 평양에 있던 평안남도 도청에 다니면서 아내를 모델로 한 〈맷돌질하는 여인〉, 〈모자(母子)〉 등을 그렸어요.

　행복한 순간도 잠시 8·15해방과 6·25전쟁이 일어났어요. 이어지는 혼란한 상황에서 박수근은 홀로 남한으로 내려오면서 가족과 헤어지는 아픔을 겪었어요. 우여곡절 끝에 다시 가족을 만나 서울 창신동에 정착했어요.

　박수근은 인상주의 화가 밀레의 영향을 많이 받았어요. 도시 문명을 벗어나 농촌 마을 농부의 삶을 그렸던 밀레처럼 우리나라의 농촌과 소박한 서민의 삶을 화폭에 담았어요.

　박수근 그림의 가치를 먼저 알아보고 작품을 산 사람은 외국인들이었어요. 특히 미국 외교관 부인인 마가렛 밀러 여사는 박수근 그림의 열렬한 팬이었어요. 미국으로 돌아간 뒤에도 박수근과 편지를 여러 차례 주고받았어요. 그림도 수십 점 사들였어요. 둘 사이 오간 편지는 지금 강원도 양구군에 있는 '박수근미술관'에 전시돼 있어요.

　박수근은 국내에서는 많이 알려지지 못했어요. 어둡고 너무나 독창적이라 시선을 끌지 못했기 때문이지요. 힘든 시기를 겪고 매우 가난했지만, 그의 작품세계를 고집한 덕에 많은 이들에게 울림을 주는 작품을 남길 수 있었지요.

안타까운 건 그가 51세에 세상을 떠났고, 그의 작품이 **사후***에 인정받았다는 것이지요. 그의 작품은 우리나라 미술시장에서 가장 비싼 가격으로 거래되고 있어요.

 굶주림과 아픔에 시달리는 사람들의 풍경을 따뜻한 사랑과 연민의 시선으로 담아냈던 박수근의 그림은 지금도 많은 이들이 사랑하는 **걸작***들이랍니다.

박수근: 1914년 출생~1965년 사망

대한민국의 대표적인 현대 미술가로 **20세기 중반**에 활동한 서양화가다. 서민적이고 소박한 삶을 그린 작품으로 유명하며 민속적이고 정감 있는 작품을 남겼다. 주요 작품은 〈농악〉과 〈나무와 여인〉, 〈빨래터〉, 〈절구질하는 여인〉이 있다. 강원도에서 태어나 평범한 서민 생활의 모습을 주제로 삼은 작품이 많다. 화가 박수근의 삶과 예술은 서민 화가 그 자체였다.

알쏭달쏭 낱말 공부

* **사후:** 죽고 난 이후
* **걸작:** 매우 훌륭한 작품

한국의 슈바이처
장기려

"어서 오세요."
헐벗은 사람들 찾아와도
반갑게 맞이했어요.

"어서 오세요."
병든 사람들 찾아와도
무료로 치료해 주었어요.

집 한 채 없이
병원 옥상에서 살았지만
자기 몸 아끼지 않고
다 내어주었어요.

"할머니 배 아파요."

"아이고 내 새끼 또 배가 아파서 어쩌누?"

할머니의 무릎을 베고 누우면 할머니가 배를 동그랗게 쓰다듬으며 말씀하셨어요.

"할머니 손은 약손, 튼튼하게 자라야 큰일도 하지."

장기려는 부유한 가정에서 할머니의 사랑을 듬뿍 받으며 자랐어요.

교장 선생님이었던 아버지는 "다양하게 많이 배워야 한다."라고 항상 가르치셨어요.

어른이 된 장기려는 경성의전에 들어가 의학 공부를 마치고 평양 기홀 병원에서 환자를 치료했어요.

그러다 6·25전쟁이 일어났지요. 군인들의 손에 이끌려 피난하던 중 오 남매와 부모님을 북에 둔 채, 둘째 아들만 데리고 부산으로 피난을 오게 되었어요.

부산에 복음병원을 세워 가난한 사람들을 무료로 치료해 주었지요. 그리고 북에 두고 온 가족들을 생각하며 전쟁을 피해 **월남***해 온 가난한 사람들을 위해 아낌없이 나누어주었어요.

"고깃국 한 그릇이면 훌훌 털고 일어날 수 있을 텐데."

장기려가 가장 가슴 아팠던 때는 영양실조로 병원을 찾은 사람을 볼 때였어요. 전쟁 이후라 먹을 것이 부족해서 영양실조를 앓는 사람들이 많았던 거예요.

　그들을 돕고 싶어도 무료로 환자들을 치료하다 보니 약값을 대기도 빠듯했어요. 또 같이 일하는 직원들의 월급도 제대로 챙겨주지 못해 늘 미안한 마음이었지요.

　그래서 내키지는 않았지만, 작은 상자를 만들어 환자들에게 치료비를 내게 했는데 형편에 맞게 줄 수 있는 만큼만 받기로 했답니다.

　그리고 직원들의 가족 수만큼 월급을 받아 가기로 정했지요. 장기려는 아들과 두 식구니 제일 적은 월급을 받아 갔어요.

　평생 자기 집 한 채 없이 병원 옥상에서 살았던 장기려 박사는 추운 겨울날 새벽에 세상을 떠났답니다.

장기려: 1911년 출생~1995년 사망

대한민국의 의사이자 사회운동가로 **20세기 중반과 후반**에 활동한 인물이다. 1950년 한국전쟁 중에 발생한 전상자와 극빈 환자에 대해 무료 치료를 시작으로 인술을 통한 인간 사랑을 실천했다. 1951년에 피난민들을 위해 영도에 복음병원을, 1958년에는 **행려병자***들을 위해서 행려병자 진료소를 차려 무료로 진료했다. 장기려는 대한민국의 의료 발전과 사회적 약자에 관한 관심으로 오늘날까지 큰 존경을 받는 인물이다.

알쏭달쏭 낱말 공부

* **월남**: 북쪽에서 삼팔선이나 휴전선의 남쪽으로 넘어옴
* **행려병자**: 떠돌아다니다가 병이 들었으나 치료나 간호하여 줄 이가 없는 사람

한국의 소를 그린
이중섭

이중섭 마음속엔
소가 살았어요.

강렬한 눈빛
당당한 몸짓
자신감 있는 발길

희망과
용기를 가진
우리 민족 같은 소

음매 음매
힘차게 울부짖는
소가 살았어요.

"와! 멋지다."

중섭은 벽화를 보고 입이 다물어지지 않았지요. 어린 시절 왕릉으로 소풍 가는 날에는 제일 먼저 벽화로 달려갔어요.

벽화에는 청룡, 백호, 주작, 현무 사신도*가 그려져 있었어요. 중섭이 가까이 가니 동쪽에 그려진 청룡이 눈을 번뜩이며 중섭을 노려보았어요. 서쪽의 백호는 흰 호랑이 머리에 용의 몸통인데, 하늘과 바다를 거침없이 날아다닐 것만 같았어요. 주작은 꼬리가 짧은 새처럼 생겼는데 봉황이었고, 그 밑에 현무의 그림은 거북을 뱀이 묶고 있었어요. 벽화의 그림이 너무 생생하여 하루 종일 중섭의 머리에서 떠나지 않았어요.

중섭은 고등학교 진학 시 평안북도 정주의 오산학교에 입학했어요. 그곳에서 서양화가 임용련에게 미술 교육을 받아 본격적으로 미술의 세계에 입문했지요.

중섭은 일본에서 개최되는 미술전에 작품을 제출하게 되었어요. 오산학교 시절 민족교육의 영향을 크게 받은 작품의 주제를 황소로 정했어요. 그리고는 황소를 소묘하는 작품으로 참가하게 되었어요.

중섭은 전시 때 작품을 크게 그려 내는 것을 알면서도 손바닥만

한 작은 크기에 강렬한 눈빛을 가진 소를 그렸어요. 중섭의 그림을 본 일본의 한 기자는 이중섭의 천재성을 바로 알아보고 감탄했어요.

중섭은 1945년 고향인 평안남도 평원군으로 돌아와 유학 시절에 만난 일본인 야마모토 이남덕과 결혼했어요.

1950년 한국전쟁 때는 월남해서 부산, 통영, 제주도 등을 다니면서 살았어요. 통영에서 지낼 때 학교에서 학생을 가르치며 가장 편안한 시기를 보냈어요.

중섭은 그림 재료를 살 돈이 없어서 담뱃갑의 은박지에 그림을 그릴 정도로 극심한 어려움에 시달렸어요. 이 때문에 1952년 부인이 두 아들과 함께 일본으로 넘어갔어요.

그 후의 만남은 1953년 부두 노동으로 번 돈으로 마련한 선원증으로 일본의 처가를 방문하여 한 차례 더 있었을 뿐이었어요. 선원증을 갖고 있던 이중섭은 일본에 오래 머무를 수 없어 일주일 만에 한국으로 귀국했어요.

이후 중섭은 부산, 대구, 통영, 진주, 서울 등을 떠돌며 가난 속에서도 창작에 매달리며 예술혼을 불태웠어요.

1955년 친구들의 도움으로 평생 처음이자 마지막인 전시회를 서울 미도파백화점에서 열었어요. 작품을 마흔 가지도 넘게 전시하고

20점이나 판매하는 높은 성과를 거두었어요.

하지만 작품을 사기로 한 사람들이 전쟁 후 어려운 형편에 작품료를 먹을 것으로 대신하거나 차일피일 미루었어요. 중섭은 가족을 책임지지 못한 가장이라는 절망에 빠지게 되었어요.

중섭은 1956년 간염으로 인해 서울 서대문 적십자병원에서 41세의 나이로 안타깝게 세상을 떠났답니다.

이중섭: 1916년 출생~1956년 사망

대한민국의 현대 미술가로 **20세기 중반**에 활동한 서양화가이다. 주요 작품으로는 〈싸우는 소〉, 〈흰 소〉, 〈투계〉, 〈아이들과 물고기와 게〉 등이 있다. 이중섭은 근대 한국 미술의 중요한 인물로, 서민적인 삶의 고통과 아름다움을 담아낸 작품으로 오늘날까지 큰 영향을 미쳤다.

알쏭달쏭 낱말 공부

* **사신도**: 청룡, 백호, 주작, 현무 등 네 방위를 맡은 신의 그림. 돌방무덤의 네 벽면에 그려졌다.

새로운 예술혼을 불태운
백남준

지금껏 없었지.
백남준의 비디오 아트

새것
새로움
아무도 표현하지 않은 것

수백 대의
브라운관으로 창조한
실험적인 예술

오직 백남준의 것이었지.

"아! 피아노 소리 너무 좋아요. 피아노 배우면 안 돼요?"

"무슨 소리냐? 사내라면 더 큰 꿈을 꾸어야지."

백남준은 피아노를 배우고 싶었지만, 아버지의 반대로 배우지 못했지요.

그 시절 음악이나 미술은 천대받았어요. 아버지는 백남준이 사업을 해서 집안을 이끌기를 바라셨지요.

그러다 중학교에 들어가서야 피아노를 배우게 되었어요. 선생님이 백남준의 재능을 알아보고 가르쳐주었지요.

6·25전쟁이 일어나던 해 전쟁을 피해 일본으로 건너가게 되지요. 도쿄대학을 졸업한 후 독일의 뮌헨대학에 입학했어요. 독일로 공부하러 간 백남준은 거리를 걷다가 문득 고개를 들었어요. 거리 한쪽에는 텔레비전 같은 전자 제품을 파는 커다란 상점이 있었어요. 유리창 안에는 여러 대의 텔레비전이 환하게 켜진 채 손님을 불러들이고 있었지요.

백남준의 발길은 그 상점 앞에 멈추었어요. 많은 사람들이 텔레비전을 사기 위해 들락거리고 있었어요. 크고 작은 텔레비전들은 각각

다른 방송을 내보내고 있었어요. 백남준은 갖가지 모습으로 계속 바뀌는 텔레비전 화면을 보고 좋은 생각이 떠올랐어요.

"옳지, 예술이라고 해서 꼭 종이에 그림을 그려야 하고, 꼭 피아노로 정해진 곡을 연주해야 하는 것만은 아니야. 저 텔레비전을 이용해서 새로운 예술을 만들어 봐야겠어!"

드디어 백남준은 <음악의 전시: 전자 텔레비전>이라는 전시회를 열었어요.

"아니, 이게 뭐야?"

전시회를 보러 온 많은 사람들은 어리둥절했어요. 그러나 처음에는 당황했던 사람들도 차츰 시간이 지나면서 백남준이 보여주고자 하는 게 뭔지 어렴풋이 느낄 수 있었어요.

"우와! 정말 멋지다. 이런 것도 예술이구나!"

사람들은 이 기발하고 새로운 예술 작품을 보며 무척이나 신기해했어요.

백남준은 텔레비전을 이용한 새로운 예술을 하기로 마음먹었어요. 사람들은 백남준이 처음 시작한 이 예술을 '비디오 아트'라고 이름 붙였어요. 텔레비전을 이용하여 예술 작품을 만드는 걸 말하지요. 그것은 보통 사람들도 예술을 좀 더 쉽게 느끼고 다가오게 했지요.

이후 예술가들이 **퍼포먼스***나 비디오 아트 작품을 발표했어요. 백남준은 '비디오 아트'라는 새로운 예술 분야를 창조한 사람으로서 전 세계 사람들의 존경을 받게 되었답니다.

백남준: 1932년 출생~2006년 사망

20세기 후반에 활동한 한국 출신의 세계적인 비디오 예술가이며 미술작가, 작곡가, 전위예술가이다. 미술과 기술의 융합인 비디오 아트를 창시한 공로로 금세기 최고의 실험적인 작가 중 한 사람으로 꼽힌다. 대한민국의 문화예술 발전에 이바지한 공로로 금관문화훈장 등을 받았으며, 세계의 작가 100인에 이름을 올렸다.

알쏭달쏭 낱말 공부

* **퍼포먼스**: 관중들에게 자신이 표현하고자 하는 관념이나 내용을 신체 그 자체를 통하여 구체적으로 보여주는 예술 행위

❈ 책에 나오는 위인의 맞수* 인물을 소개합니다.

*맞수: 재주나 힘 따위가 엇비슷한 상대

◉ 김유신(삼국 통일을 위해 힘쓴 인물) 맞수 ↔ 연개소문

연개소문은 김유신이 당나라의 힘을 의지해 신라의 통일 전쟁을 수행하는 동안, 고구려의 장군으로서 신라와의 전쟁을 이끌었어요. 연개소문은 고구려의 정치적 내실을 다지며, 신라의 군사적 위협을 받으며 대립하였지요.
김유신과 연개소문은 두 나라의 군사적 대결 속에서 장기적인 대립 관계에 있었으며, 이 대립은 고구려와 신라의 역사적인 맞수 관계로 해석되지요.

◉ 강감찬(고려의 명장으로 거란의 침입을 막아낸 전략가) 맞수 ↔ 소배압

소배압은 요나라(거란)의 명장으로 고려를 정복하려 했던 군사 지도자이며 거란은 고려를 압박하여 세 차례 침입을 감행했어요. 1018년 거란의 소배압이 이끄는 10만 대군이 고려를 공격하였으나, 강감찬의 철저한 방어 전략과 지형을 이용한 전술로 패배했지요. 고려군은 퇴각하는 거란군을 기습 공격하여 귀주에서 거란군 10만 명 중 대부분을 전멸시켰어요. 소배압은 간신히 도망쳤고, 이후 요나라는 고려를 함부로 공격하지 못했어요.

◉ 정몽주(고려 말의 충신이자 성리학자) 맞수 ↔ 이방원

이방원(태종)은 이성계의 아들로 조선을 건국하기 위해 고려의 충신들을 제거하려 하였지요. 이성계(조선 태조)가 위화도 회군(1388년)을 통해 권력을 잡자, 고려를 지키려는 정몽주는 이에 반대하였어요. 이방원은 정몽주의 충절이 조선 건국에 방해된다고 판단하여 제거하려고 했지요. 이방원이 정몽주에게 '하여가'를 보내 회유하려 했지만, 정몽주는 '단심가'로 끝까지 고려에 대한 충성을 보였어요. 그러자 1392년 이방원의 명령을 받은 부하들이 개성 선죽교에서 정몽주를 암살했지요. 정몽주의 죽음은 고려 왕조의 사실상 마지막 저항이었으며 이후 조선 건국이 빨라졌어요.

정몽주와 이방원의 대립은 고려 왕조의 몰락과 조선 개국이라는 역사적 변화를 상징하는 중요한 사건이었답니다.

❀ 이순신(조선을 지켜낸 불멸의 명장) 맞수 ↔ 원균

원균은 이순신과 갈등을 벌여 경상 우수사 자리에서 쫓겨났지만, 오뚝이처럼 재기하여 이순신 후임으로 삼도수군통제사에 올랐어요. 조정에서의 평판 또한 나쁘지 않았지요. 죽기를 각오하고 솔선수범하여 전투에 임했지만, 전략과 전술에는 능하지 못했어요. 임진왜란과 정유재란 당시 유일하게 패배한 해전인 칠천량 전투로 조선을 풍전등화의 위기에 몰아넣었지요. 전라 좌수사로 임명되었으나 시중 여론이 나빠 철회될 정도로 인망을 얻지 못했답니다.

❀ 김홍도(조선 후기 풍속화, 산수화 그린 화가) 맞수 ↔ 신윤복과 장승업

신윤복은 조선 후기의 화가로 풍속화에서 김홍도와 비교되었어요. 김홍도가 사람들의 일상과 서민적인 모습을 익살스럽고 역동적으로 표현했다면 신윤복은 양반과 기생, 도시 문화를 감성적이고 섬세하게 묘사하였지요.

순전히 그림을 그려 삶을 꾸렸고, 풍속화뿐 아니라 산수화와 동물 그림에도 능한 팔방미인 화가였어요. 화려한 색채를 사용하여 그림에 생동감을 불어 넣었지요. 주로 도시 양반과 기녀들의 풍류 세계를 그림으로 그려 여성들의 아름다움을 표현하였답니다.

장승업은 김홍도보다 한 세대 이후의 화가였지만 조선 말기 최고의 화가로 평가받으며 김홍도와 비교되었지요. 김홍도는 풍속화와 산수화에서 두각을 나타냈고, 장승업은 화려한 색감과 중국풍의 그림체로 독창적인 스타일을 확립하였지요. 장승업은 김홍도의 영향을 받았지만, 더 정교하고 서양적 기법을 접목한 화풍을 발전시켰지요.

이들의 차이점 덕분에 조선 후기의 다양한 화풍과 예술적 깊이가 더욱 돋보이게 되었답니다.

✺ 김구(조국의 독립을 위해 평생을 바친 독립운동가) 맞수 ↔ 이승만

이승만은 대한민국임시정부의 초대 대통령, 대한민국 정부의 초대 대통령을 역임할 정도로 정치 활동이 왕성했지요. 신학문을 공부한 이후로 영어 공부에 매진하여 20대 후반에 이미 회화에 능통했으며, 정세를 판단하는 능력이 출중했지요. 자기를 따르는 사람을 잘 챙겼지만, 독선적인 면이 많아 대립하는 사람도 많았어요. 대한민국 임시정부 시절부터 광복 이후까지 김구와 이승만은 독립운동과 국가 건설 방향에서 대립했지요. 김구는 통일된 독립 국가 건설을 주장하였으나 이승만은 미국과 협력하여 남한 단독 정부수립을 추진했지요. 결과적으로 대한민국은 이승만을 중심으로 건국되었고, 김구는 정치적 영향력을 잃게 되었지요. 그는 민족주의와 독립, 통일을 위해 평생을 바쳤지만, 현실적인 정치와 외세의 개입 속에서 그의 목표를 완전히 이루지 못한 비운의 지도자로 평가됩니다.